AF298982

MÉMOIRE

DEMANDÉ

PAR L'ACADÉMIE DE LYON,

SUR CETTE QUESTION :

« Quels seraient les meilleurs moyens à employer soit dans le
» régime des Colonies actuelles, soit dans la fondation de
» Colonies nouvelles, pour rendre ces établissemens les plus
» utiles à eux-mêmes et aux Métropoles? »

Présenté par M^r. le Chevalier DE GUILLERMIN,
Colonel au Corps royal d'État-Major.

PARIS,

IMPRIMERIE DE DONDEY-DUPRÉ,
Rue Saint-Louis, N°. 46, au Marais.

1821.

AVANT-PROPOS.

Il y a sans doute de la témérité à oser traiter une matière aussi importante que celle sur laquelle l'Académie de Lyon vient de fixer l'attention publique ; et j'ai dû, pour essayer de remplir cette tâche difficile, être soutenu par le sentiment de l'intérêt général, et par le puissant motif de répondre à l'appel que cette savante Académie vient de faire au patriotisme de tous les Français dévoués à leur Roi et à leur pays. Je m'estimerai heureux, si quinze ans de séjour dans les Amériques, et mon désir constant d'utiliser les observations que j'ai été à même d'y faire pendant ce laps de tems, peuvent me fournir les moyens de payer à la patrie et au Roi un faible tribut de mon dévouement respectueux ; puissent ces sentimens me donner des titres à l'indulgence de mes concitoyens, et jeter quelqu'intérêt sur des questions, qui se rattachent essentiellement au bonheur et à la prospérité de la France !

MÉMOIRE

DEMANDÉ

PAR L'ACADÉMIE DE LYON.

LES Annales de la marine et du commerce de la
France, n'offrent rien de remarquable, jusqu'au
règne de Louis XIII. Avant cette époque, on
cherchait au dehors (dans les tems de guerre),
des auxiliaires chez les Hollandais, les Génois,
les Vénitiens et même chez les Turcs (1). L'incurie des gouvernemens était alors si grande qu'ils
ne craignaient pas de commettre l'honneur du
pavillon français aux hasards des combats, dans
lesquels la valeur mercenaire usurpait la gloire
réservée aux enfans de la patrie. Cependant, la
France possédait tous les élémens de la puissance maritime et commerciale ; de vastes forêts,
abondamment fournies de tous les bois nécessaires à la construction des vaisseaux, des mines
de fer et de cuivre, d'une exploitation facile,
du chanvre pour ses cordages, une population

---

(1) François Ier. eut pour allié le fameux Barberousse.

active et courageuse, d'excellens ports et des côtes étendues sur les deux mers. Mais il lui manquait un lévier pour activer tous ces ressorts de la richesse nationale, et les grands ministres de ces tems éloignés, ne firent qu'entrevoir l'époque de notre puissance maritime, et de notre prospérité commerciale sous Louis XIV.

Exposée aux rivalités de l'Angleterre et de l'Espagne, la France fit peu d'efforts pour leur disputer l'empire des mers ; toute son ambition, pendant plusieurs siècles, se bornait à défendre son indépendance, comme puissance continentale. Tributaire des états maritimes de l'Italie, dont les pavillons flottaient orgueilleusement dans la Méditerranée, son commerce était réduit à des transactions intérieures de peu d'importance. L'Égypte était alors l'entrepôt des richesses de l'Inde ; et les avantages de ses importations étaient le partage exclusif des Vénitiens, des Pisans et des Génois qui couvraient les mers de leurs vaisseaux. Néanmoins, à la suite des guerres civiles que l'intolérance religieuse avait excitées, toutes les branches de l'administration tendaient à prendre un nouvel essor : Sully essaya de mettre en œuvre les immenses ressources de la France ; mais, arrêté par un système d'économie, que le règne guerrier d'Henri IV avait rendu indispensable, ce grand homme d'état mourut sans exécuter ses vastes projets.

Cependant le commerce de l'Europe avait pris une direction nouvelle ; ses vaisseaux doublèrent le cap de Bonne-Espérance, et l'Asie, soumise au génie et à la valeur des Portugais et des Espagnols, vit bientôt les spéculateurs renoncer aux communications lentes et périlleuses des caravanes, pour établir sur l'Océan, des relations plus promptes et moins onéreuses.

Le Nouveau-Monde, dont la route venait d'être frayée par l'immortel Colomb, voyait aussi ses rivages déserts, ranimés par l'activité européenne, et des cités opulentes s'élever à la place des antiques forêts qui ombrageaient le cours de ses grands fleuves.

La France, que sa position et son rang dans l'ordre politique de l'Europe, devaient appeler au partage des nouvelles découvertes, était déchirée par des guerres de religion ; elle était tourmentée par l'ambition des grands de l'État, et fatiguée par la politique incertaine d'une régence orageuse : ses immenses ressources étaient absorbées par les déprédations des traitans, et les désordres de l'administration. Les controverses religieuses tenaient lieu des sciences utiles, et son état militaire n'était point en rapport avec le rang qu'elle devait occuper parmi les états du premier ordre. Néanmoins, à travers tous ces vices, qui provenaient de la nature du gouvernement, on

(8)

distinguait quelques vertus échappée saux dangers de la contagion et à l'influence d'une politique étrangère. La loyauté et la valeur française, ce noble héritage de Henri IV, brillaient encore de tout leur éclat; elles se conservaient dans le cœur des Sully, des Gassion, des Montluc, des Crillon, des Fabert et de beaucoup d'autres, qui étaient étrangers à toutes les intrigues de cette malheureuse époque.

Telle était la situation déplorable du royaume, lorsqu'un homme supérieur vint prendre les rênes de l'état. Il était réservé au génie créateur de Richelieu, de révéler à la France le secret de ses forces, à Louis XIII, celui de sa puissance, et de préparer, par une politique profonde et hardie, le siècle brillant de Louis XIV.

Le premier soin de ce grand ministre fut de centraliser le pouvoir, affaibli par les prétentions hautaines d'une turbulente féodalité; mais, en brisant les chaînes qui gênaient l'action de l'autorité royale, il chercha à lui gagner l'amour des peuples par des institutions plus conformes à l'intérêt du prince et des sujets. Il substitua au désordre de l'oligarchie, les principes d'une administration ferme, éclairée et inflexible; il opposa à la licence des factions, le calme d'une autorité paternelle, et les avantages de la tranquillité intérieure.

Richelieu, enfin, dont le génie ne fléchissait sous aucune influence, fit taire les partis, réunit autour du trône ces grands vassaux, dont l'éloignement était un sujet d'inquiétude pour le prince, et d'oppression pour les sujets ; il soumit à l'autorité légitime, des Français que le fanatisme religieux avait rendus coupables de rebellion ; il protégea les sciences, créa la marine, encouragea le commerce, et rétablit l'ordre dans les finances.

Cependant, il suivait avec ardeur le projet d'humilier l'orgueil autrichien, et d'affranchir la nation de la dépendance des grandes puissances maritimes. En 1625, il était parvenu à réunir des forces navales considérables, qui contribuèrent efficacement à la réduction de la Rochelle. Ce fut après ce siége mémorable que Louis XIII déclara à l'assemblée des notables, en 1626, qu'il allait donner tous ses soins à la création d'une marine respectable, afin de pouvoir protéger nos convois et étendre les relations commerciales de la France.

En effet, nos flottes osèrent bientôt se montrer sur les mers, et Sourdis, avec des forces inférieures, n'hésita point à se mesurer avec les vaisseaux de Philippe III.

Toutefois, ce ne fut que sous le règne de Louis XIV, et pendant le ministère mémorable du grand Colbert, que la marine, le commerce et les colonies prirent une consistance réelle, et rehaussèrent l'éclat de cette grande époque de notre histoire. Les Tourville, les Du Guay-Trouin, les Duquesne, les Jean-Bart et les Forbin ajoutèrent au lustre du pavillon français : le code noir, monument de la sagesse de ce ministre éclairé, consacra les principes d'une législation paternelle pour toutes les couleurs, et l'empire des mers cessa d'être le patrimoine exclusif d'une orgueilleuse rivale. Il nous fut alors possible de soutenir dans l'Inde, une concurrence, à laquelle le génie des Dupleix et des La Bourdonnaye donna sous les règnes suivans, une extension dont nous perdîmes tout le fruit, en sacrifiant à des intrigues mercantiles et à la plus basse jalousie, les créateurs de notre puissance maritime et commerciale dans ces riches contrées.

Depuis cette époque, nos possessions dans l'Inde ne furent plus que des succursales de l'Angleterre, et toute l'habileté de M. de Suffren, toute la supériorité de nos armes, ne firent que retarder, de quelques années, la décadence dont elles étaient menacées.

Pondichéry, Chandernagor, l'île de France et l'île de Bourbon, anéanties par la prospérité des établissemens anglais, s'acheminaient à grand pas vers leur ruine, lorsque la révolution de 89 vint porter les derniers coups à la marine et au commerce de la France : ce fut alors que les élémens destructeurs se développèrent de toutes parts ; la perte de nos colonies occidentales, et la funeste expédition de Quiberon (1), placèrent forcément la France au second rang parmi les puissances maritimes.

Elle chercha en vain, sous les gouvernemens temporaires, qui se succédèrent rapidement, à rappeler les belles époques de sa gloire sur les mers ; la fortune lui fut presque toujours contraire : ses flottes détruites , ses colonies perdues et le souvenir de ses anciens trophées accusent hautement l'impéritie de ces administrations éphémères.

Si le sort des combats eût dépendu de la valeur, nous eussions , sans doute, disputé l'empire des mers ; mais il fallut succomber dans une lutte où la supériorité des connaissances positives sur une pratique bornée, donnait un trop grand avantage à nos adversaires.

Telles furent les causes des désastres qui achevèrent de détruire notre prépondérance maritime, en énervant toutes les branches de notre système commercial. Notre seul espoir doit être

____

(1) Plus de deux cents officiers périrent sur les plages de la Bretagne.

de partager un jour, avec les autres nations de l'Europe, les avantages des nouvelles transactions qu'offrira l'Amérique espagnole , lorsque , délivrée du fléau de ses guerres civiles , et des entraves du système prohibitif, elle aura obtenu de la mère-patrie , non pas l'indépendance, mais les concessions libérales qu'un intérêt réciproque réclame impérieusement.

Le jour où le Mexique , la Nouvelle-Grenade , la Côte – Ferme , le Pérou , le Chili , le Paraguay et le Brésil pourront donner aux grandes cultures toute l'extension et la variété dont elles sont susceptibles, sera, n'en doutons pas, l'époque de la décadence des établissemens de l'Inde. Comment pourrait-on se méprendre sur les résultats de ces grands changemens politiques, quand on considère qu'ils doivent rendre à la civilisation et à l'industrie, douze millions d'hommes, placés sous la température la plus favorable à tous les genres de culture, à des distances qui rendent les communications plus faciles, et donnent aux opérations commerciales de l'Europe , une célérité qui peut en doubler les bénéfices ? Ira-t-on chercher à Calcutta, à Madras, à Manille ou aux Philippines, la cochenille, la canelle , la muscade , le poivre , la girofle , le thé et tous les riches produits qu'on pourra se procurer à la Vera-Crux, à Porto-Bello , à la Guayra, à Cayenne, à Rio-Janéiro, et à Buenos-Ayres? Cet argument est sans réplique, puisqu'il existe une différence de quatre mille lieues dans les traversées.

Déjà les Anglais, les Hollandais, les Américains du nord (1), avertis par leur intérêt, commencent à exploiter la mine féconde, où doivent venir puiser les spéculateurs des deux hémisphères ; ils préparent, de longue main, les plans d'envahissement qui caractérisent l'ambition exclusive de ces trois peuples commerçans.

Des expéditions nombreuses et respectées par les croiseurs indigènes, affluent dans les différens ports de cette partie du monde, et rendent les peuples tributaires de l'industrie étrangère. Des agens maritimes, disséminés sur tous les points de ces vastes côtes, travaillent avec activité aux succès des transactions politiques, qui tendent à faire obtenir la prépondérance à leurs gouvernemens respectifs. C'est en accordant des

---

(1) Les États-Unis dont l'accroissement et la puissance tiennent du prodige, possèdent 1300 lieues de côtes couvertes d'une population active, industrieuse et brave; ils semblent vouloir entourer d'une chaîne le vaste continent américain. Leur commerce est immense, leur ambition est sans bornes, et leur joug doit nécessairement s'appesantir sur le Nouveau Monde.

primes à leurs navigateurs, et en leur assurant un appui et des secours contre les événemens de la mer, que ces gouvernemens excitent l'émulation des armateurs, et tranquillisent le commerce sur ses intérêts. Des dépôts considérables de leurs marchandises sont établis à la Havane, point central de toutes les communications du golfe Mexicain : c'est de l'île de Cube que sortent ensuite les cargaisons pour les côtes du Mexique, de Rio, de la Hacha, d'Honduras, de Sainte-Marthe et de Carthagène.

Porto-Rico, située au vent de tous les débouquemens, est également soumis à l'influence commerciale des grandes puissances maritimes; et cette belle colonie voit annuellement relâcher dans ses ports, un grand nombre des navires destinés pour le golfe du Mexique ou pour les ports de la Côte-Ferme.

Les Danois, les Suédois, trop faibles pour élever de grandes prétentions, se bornent à utiliser leur prudente neutralité : ils s'enrichissent du désastre des guerres continentales, en faisant des rochers stériles de Saint-Thomas et de Saint-Barthélemi, de vastes marchés où se rendent tous les négocians des deux mondes.

Gênes et Livourne font en tems de paix, des opérations commerciales, importantes avec le Levant; elles servent d'entrepôt aux marchandises de France, d'Angleterre et d'Allemagne ; mais leurs rapports avec l'Amérique et l'Inde, sont presque nuls.

La mer Adriatique, veuve des doges de Venise, n'a point encore trouvé, dans sa nouvelle existence, des compensations équivalentes à la perte énorme de son ancien commerce. L'Autriche est à peine comptée dans les rangs des puissances maritimes ; mais Trieste et Venise doivent lui assigner une place honorable parmi les peuples commerçans dans la Méditerranée, en attendant qu'elle puisse donner une plus grande étendue à ses relations dans l'Atlantique.

La Turquie se contente des bénéfices médiocres que lui procurent ses caravanes, le débit de ses schalls, de son moka et de ses essences. Son commerce est circonscrit dans la Méditerranée et dans la Mer Noire.

La Prusse envoie annuellement quelques vaisseaux dans les îles neutres de l'Amérique et dans l'Inde ; mais l'exiguité de ses échanges et la modicité de ses achats, sont d'un faible poids dans la balance commerciale : cette puissance pourrait néanmoins agrandir ses spéculations, en augmeutant les produits de ses fabriques de Silésie, devenues indispensables à toutes les nations de l'Amérique.

L'Allemagne, riche par son industrie manufac-turière, expédie par les navires d'Hambourg, de Lubeck, de Brême et autres villes maritimes, à-peu-près le tiers de ses fabrications pour les États-Unis, les îles neutres et l'Inde. Le reste de ses produits passe dans la consommation inté-rieure des autres pays de l'Europe. Ses pavillons sont peu connus dans l'océan Atlantique. L'Es-pagne, avec des colonies nombreuses et floris-santes leur fournit à peine un tiers des consom-mations qui leur sont nécessaires. Elle est forcée d'y tolérer l'introduction des produits étrangers; mais elle n'a besoin, pour jouer un très-grand rôle dans les transactions de l'Europe avec l'A-mérique, que d'un état de paix qui la réconcilie avec ses colonies, et lui permette de perfectionner ses fabriques.

La Russie, dont la domination gigantesque s'étend des frontières du Kamtchatka aux rivages de la mer Vermeille, semble aussi convoiter les possessions septentrionales de l'Amérique espa-gnole, par le rapprochement de ses nouveaux établissemens dans la Californie, et vouloir dis-puter un jour aux États-Unis, l'empire du nouvel hémisphère.

La vieille Europe enfin, pressée par l'impé-rieuse loi de l'équilibre social, et par une popu-lation de deux cent quarante millions d'habitans, doit tendre forcément à reculer les limites de l'espace qui ne peut les contenir.

La France a fait peu de chose, jusqu'à ce moment, pour partager avec les autres nations commerçantes, les avantages de l'émancipation américaine; car on ne saurait considérer comme des mesures bien efficaces, la présence instantanée de quelques croisières dans la Méditerranée et dans l'Atlantique, et l'exploration stérile des côtes d'un vaste pays, dont tout l'intérieur est déjà envahi par la politique et l'industrie étrangère. Depuis plus de quinze ans, l'île de Cuba, Porto-Rico, et quelques provinces du continent espagnol, éprouvant des besoins que la métropole était dans l'impuissance de satisfaire, se sont débarassées des entraves du systême prohibitif; mais les gênes et les dangers de l'ancien interlope, n'ont pas cessé entièrement au Mexique, au Pérou et au Chili pour les spéculateurs dont les gouvernemens ont négligé d'accréditer sur les lieux même, des agens chargés de défendre les intérêts nationaux, et de diriger utilement les spéculations, par des avis positifs sur les besoins et les ressources des nombreuses populations indigènes. Cependant la France réduite, par les funestes résultats de ses révolutions, à un état d'atonie commerciale alarmante, doit chercher à s'assurer, dans ces riches con-

trées, une prépondérance à laquelle elle a droit
de prétendre, par les ressources immenses de
son sol, l'industrieuse activité de ses habitans,
et la perfection de ses manufactures; mais il ne
faut pas attendre pour établir d'importantes relations avec des pays qui doivent faire oublier un
jour, le chemin des Indes orientales, que le
goût des fabriques étrangères ait prévalu et dé-
truit toutes les concurrences rivales.

Trop puissante, pour perdre ses avantages politiques, trop fertile, pour concentrer ses richesses territoriales, trop peuplée, enfin, pour jouer
un rôle secondaire dans les grandes transactions
qui doivent étreindre l'ancien monde avec le
nouveau, la France doit jeter, dès-à-présent,
les bases de ses nouveaux rapports avec des établissemens destinés à fournir bientôt au luxe et
aux besoins des Européens, ces riches produits
qu'ils vont encore chercher dans les comptoirs
de l'Asie.

Pour parvenir à ce but, il est indispensable de
rétablir la confiance perdue, car le commerce
effrayé par le danger de ses opérations lointaines,
attend pour exposer ses capitaux, des gages plus
rassurans de son gouvernement, ou des circonstances plus favorables au succès de ses entreprises. Les navires qui fréquentent les ports des
Indes occidentales, ne trouvent dans ces parages,

aucun appui contre l'arbitraire et les vexations des autorités locales : privés de l'intervention tutélaire d'un agent de leur nation, ils subissent toutes les rigueurs des lois fiscales; trop heureux encore, si la jalousie et les intrigues des spéculateurs étrangers, ne viennent point troubler la vente de leurs marchandises, et le succès de leurs opérations! De nouvelles entraves les attendent à leur retour, dans les ports d'où ils sont partis. L'énormité des droits d'importation, et presque toujours une concurrence étrangère, absorbent les bénéfices, entament les capitaux, et produisent le découragement, en ne laissant aux spéculateurs que la perspective d'une ruine inévitable : delà, ces transgressions interlopes qui compromettent la fortune des sujets, et souvent l'autorité du souverain qui veut les réprimer : le découragement produit bientôt l'inaction, et la chose publique périt, parce qu'on a préféré des ressources promptes et précaires, à des recettes multipliées et durables.

L'exagération des droits de douanes est, de tous les vices administratifs, le plus funeste aux intérêts du fisc, qui doit s'attacher à multiplier les perceptions, au lieu de les exagérer. C'est sur l'importation étrangère que doit peser le joug des lois fiscales, parce qu'elles énervent le principe vital du commerce et de l'industrie nationale; mais que le négociant régnicole encouragé par la modération des droits et la fixité du sys-tême administratif, puisse se livrer avec sécurité, aux spéculations dont il peut calculer tous les ré-sultats; qu'il soit assuré de ne pas trouver, au terme de ses voyages, de nouvelles charges à supporter, ou des concurrens étrangers qu'une funeste tolérance aurait amenés dans les ports.

C'est en accordant des primes d'encourage-ment, ou des indemnités aux armateurs qui au-ront le plus contribué à étendre les relations du commerce extérieur, ou à ceux qui, par des circonstances indépendantes de la sagesse des hommes, auraient éprouvé de grands revers dans leur fortune, qu'on parviendra à rétablir la con-fiance dans les capitalistes, l'activité dans les ports, et le mouvement dans les manufactures. Il faut se garder surtout, de sacrifier inconsidé-rément les intérêts industriels au séduisant appât des droits excessifs qui résulteraient de l'im-portation faite par des Français; ce serait placer la fortune publique en rente viagère, et mécon-naître les principes d'une sage administration. C'est par les liens de l'intérêt qu'on attache les hommes à leur gouvernement : le commerce sur-tout, ce ressort essentiel des états, ce véhicule puissant de leur prospérité, est le mobile con-servateur de leur existence : le mouvement qu'il

produit dans les fortunes, les espérances qu'il
entretient dans les individus, l'aliment qu'il
fournit au luxe et aux besoins des hommes, occupent constamment leurs pensées, et font une
heureuse diversion aux sombres méditations de
la politique. Si on le considère sous un aspect
plus général, le commerce contribue aux progrès de la civilisation; il étreint, pour ainsi dire,
tous les peuples pour n'en faire qu'une seule fa-
mille, dans laquelle viennent se réunir et se con-
fondre tous les intérêts.

Cependant ces maximes semblent avoir été
méconnues, dans le tems même où les bienfaits
de la paix générale nous permettaient d'en faire
une utile application. Après trente années d'un
funeste repos, momentanément interrompu par
quelques expéditions aventureuses, et par des
licences qui, pendant ce laps de tems concen-
trèrent dans quelques mains privilégiées tous les
avantages des opérations maritimes, il paraissait
aussi sage qu'indispensable, d'agrandir le cercle
de nos rapports commerciaux, et de stimuler
toutes les industries, par des institutions en harmonie avec l'ordre politique actuel, les intérêts
du haut commerce et la nouvelle direction des
affaires ; mais l'incurie des gouvernemens pendant ces trente années de désastre avait réduit
la marine d'un état d'atrophie, dont le danger

s'accrut par des fautes nouvelles, et par le mépris qu'on a semblé faire d'une salutaire expérience.

L'année 1789 avait vu naître la désastreuse émancipation de nos colonies et la ruine de notre commerce dans l'Inde ; la création du gouvernement impérial avait produit la cession honteuse de la Louisiane, immolée à des intérêts de circonstance, et sous une domination dont les drapeaux flottaient sur les remparts de toutes les capitales de l'Europe ; la marine confiée à des mains inhabiles, vit la gloire de ses anciens trophées obscurcie par des défaites, et le vaste plan du système continental, absorber, sans résultats utiles, les ressources immenses d'un empire qui, déjà menaçant ruine, s'écroula en 1814, sous les efforts de l'Europe coalisée. C'est à cette dernière époque que se rattache la perte de l'Ile-de-France, la rétrocession impolitique de la partie de l'est de Saint-Domingue, et l'occupation temporaire de Cayenne par les Portugais.

Cette expérience de calamités et de revers était une grande leçon pour l'avenir ; mais un fatal aveuglement sembla diriger la conduite des administrations nouvelles. Des mesures intempestives surprises en 1814 et en 1816 à la faiblesse de deux ministres estimables, consolidèrent à Saint-Domingue la révolte des Noirs, en accréditant dans leur esprit la fausse idée de l'impuissance

métropolitaine et la possibilité d'une *ridicule indépendance*.

Cette opinion sur l'indépendance haïtienne,
paraîtra sans doute erronée aux novateurs im-
prudens, qui proclament en France les prétendus
droits de quelques milliers de Nègres, au préju-
dice de vingt-neuf millions de Français; mais
elle est au moins fondée sur l'expérience et sur
des faits historiques irrévocables.

On ne peut nier qu'il existe des caractères de nations incompatibles avec les principes du gouvernement représentatif, et qu'indépendamment de
ces causes morales que la sagesse des législateurs
doit consulter, il en est d'autres dont l'influence
sur la législation des peuples ne peut être révoquée
en doute. La chaleur excessive du climat est une
des causes physiques qui agissent le plus puis-
samment sur le cerveau des peuples méridionaux, et s'opposent invinciblement à leur émancipation.

L'ame ardente des habitans de la zône-tor-
ride est moins séduite par la simplicité et l'austé-
rité des principes d'un gouvernement libre, que
par l'éclat des trônes ou par le merveilleux de la
théocratie; naturellement enclins à la mollesse, à
la superstition, à l'enthousiasme et à l'exaltation,
ces peuples aiment mieux obéir que raisonner,
parce qu'ils sont moins émus par les choses qui
occupent l'esprit que par celles qui flattent les sens.

Or, des peuples qui en général n'ont pas le sentiment de leur être, qui ne sont susceptibles d'aucune impression généreuse, dont toutes les idées se rapportent aux sensations matérielles de la vie, pour lesquels l'oisiveté est un besoin impérieux, sont ils faits pour exister sous l'empire d'une organisation qui exige la perfectibilité de toutes les vertus sociales? Non, sans doute, l'indépendance républicaine dans les climats brûlans n'est donc qu'une chimère qu'on tenterait en vain de réaliser. C'est sous l'empire des lois paternelles de la monarchie que ces peuples doivent exister; les faits viennent à l'appui de cette vérité.

L'Asie, depuis un tems immémorial, n'obéit qu'à des rois fastueux ou à des califes puissans; en Afrique, l'existence de Carthage est un phénomène politique, puisque les sept huitièmes de cette immense partie du globe a été constamment soumise aux monarques les plus absolus du monde. En Amérique, à l'époque des conquêtes de Cortez et de Pizarre, il n'est question que de la magnificence des empires du Méxique et du Pérou, dont la fondation remonte, d'après la tradition, à l'antiquité la plus reculée. Des Caciques souverains occupaient aux mêmes époques tout le reste de ce vaste continent; à Saint-Domingue, la liberté a fait de vains efforts pour se placer entre le despotisme des chefs militaires et l'anarchie démocratique ; elle fut étouffée dans son berceau par le génie dominateur de Toussaint, par la cruauté de Dessaline et par la tyrannie de Cristophe. Le grand pouvoir de Boyer ne laisse même aujourd'hui qu'une vaine représentation républicaine à ses concitoyens. Partout, enfin sous les rayons brûlans du soleil, on aperçoit les traces de son influence sur le génie et la législation des peuples.

Mais on a raison de dire que les deux extrêmes se touchent : des causes absolument contraires ont produit dans les régions hiperboréennes les mêmes effets. Les peuples du Nord, avec des mœurs simples et guerrières, un tempéramment froid, entraînés par le goût des émigrations que la stérilité de leur pays, et leur immense population rendaient indispensables, étaient plus occupés à se procurer les besoins physiques d'une existence vagabonde, qu'à perfectionner les institutions morales qui auraient pu accélérer l'époque de leur civilisation. Toujours prêts à se déborder sur le territoire des nations dont ils convoitaient les terres ; ils ne pouvaient, dans cet état précaire et incertain, employer un tems précieux à méditer sur les différentes formes de gouvernement.

L'autorité absolue d'un chef était donc la seule convenable à des hommes vigoureux et braves, qui ne pensaient qu'à se battre et à se procurer les besoins indispensables de la vie.

Les Scythes d'Europe, les Sarmates, les Germains, les peuples du Danemark, de la Norvège, de la Suède, de l'Angleterre, de la Gaule même n'obéirent, pendant une suite non interrompue de siècles, qu'à des monarques, ou à des gouvernemens théocratiques.

Ce ne fut donc que dans les climats tempérés que l'on s'occupa sérieusement des idées abstraites de la législation et de la morale. Les républiques de la Grèce, et après elles la république romaine, brillèrent par la sagesse de leur gouvernement, l'étendue de leur puissance, et le génie de leurs législateurs ; mais elles tombèrent dans la décadence, aussitôt que la corruption des mœurs, l'ambition des grands et les prétentions absurdes des peuples eurent donné lieu aux commotions politiques, dont les résultats firent passer l'autorité souveraine entre les mains de Philippe et de César.

Il est évident, d'après ces vérités de fait, que le gouvernement monarchique a été dans tous les tems et dans toutes les parties du globe le plus universellement répandu. Il est considéré avec raison par Platon comme le meilleur et le plus paternel de tous les gouvernemens. Son action douce, relativement à la masse des citoyens, n'est redoutable qu'aux ennemis du prince et de l'état. Exempt des troubles qui agitent les républiques, son énergie prévient et réprime les factions; elle devient le garant de la sûreté et de la tranquillité publique.

C'est d'après ces notions positives sur le caractère et les mœurs des peuples méridionaux qu'il eût été raisonnable de régler les nouvelles transactions de la France avec ses colonies, et la fausse application des principes du droit des gens à Saint-Domingue, était une erreur aussi funeste aux intérêts des Noirs qu'insultante à la dignité nationale : il fallait y consacrer le principe de la souveraineté légitime, et renonçant à l'instant même à ce système timide des demi-mesures; manifester hautement aux Noirs la volonté du Gouvernement, et la proclamer de la manière suivante :

« Depuis l'époque désastreuse où vous reçûtes
» d'une main ennemie de votre bonheur, le fu-
» neste présent d'une prétendue liberté, vous
» fûtes en proie à tous les maux qui peuvent
» affliger l'espèce humaine. Enivrés tour-à-tour
» du sang des blancs et de celui de vos sembla-
» bles, votre délire n'a respecté ni les hommes, ni
» les choses, et les vingt années qui viennent de
» s'écouler, n'offrent que le tableau hideux de
» la dévastation et de la mort.

» Dans les convulsions inséparables de votre
» nouvelle existence politique, vous avez été
» tour-à-tour l'instrument et la victime des partis
» qui voulaient asseoir leur domination sur les
» bases chimériques de votre dangereuse liberté.
» Des torrens de sang ont été versés pour l'obte-
» nir, et lorsque vous espériez toucher au terme
» de vos maux, et qu'après avoir vaincu la résis-
» tance de ces Français, qu'une fatale erreur
» vous faisait considérer comme vos ennemis,
» vous comptiez jouir du fruit de vos pénibles
» travaux, c'est alors que vous avez éprouvé le
» vide d'un bonheur pour lequel vous aviez tout
» sacrifié, et que votre malheureuse destinée
» vous a forcés de regretter les tems heureux de
» votre ancien esclavage..

» Le fléau des guerres civiles, la misère la
» plus affreuse sont depuis trop long-tems pour
» la classe intéressante des cultivateurs, les résul-
» tats d'une funeste indépendance ; ils doivent
» aujourd'hui préférer la réalité d'une domina-
» tion douce et paternelle à des illusions incon-
» ciliables avec leur vrai bonheur et leur tran-
» quillité.

» Quant à vous, soldats indigènes, accoutumés
» à la licence des camps, et faits aux habitudes
» d'une vie militaire, vous allez désormais tour-
» ner contre les ennemis de la France, ces armes

» dont vous n'avez fait usage que contre elle , et
» pour vous détruire. Le glorieux titre de soldats
» français donnera à votre valeur une direction
» plus conforme aux intérêts de l'état et à votre
» bonheur particulier.

» Vous serez désormais l'appui d'un pays où
» des institutions sages et des lois paternelles
» vont succéder aux convulsions d'un régime
» violent et vous trouverez à l'avenir des com-
» pensations à tant de maux dans les douceurs
» d'une existence qui ne sera plus troublée par
» l'ambition et la cupidité de ceux de vos conci-
» toyens qui ont appésanti sur vous un joug into-
» lérable. En partageant avec les blancs les fruits
» de la terre vous sentirez la nécessité de la fé-
» conder par un travail modéré ; vous avez
» prouvé sous les drapeaux anglais , contre vos
» propres frères votre fidélité à vos sermens; que
» ne ferez-vous pas pour la France, dont les
» mœurs et la langue vous sont plus familières,
» et qui à l'avenir doit vous traiter comme ses
» propres enfans? »

Tel était le langage que devait tenir un gouvernement puissant ; c'est en manifestant fran-
chement ses intentions qu'il leur imprime ce caractère respectable qui ne laisse aucune prise à
la méfiance, aucun prétexte à la révolte; mais
on se montra au contraire sous les apparences de

la faiblesse ; on négocia avec des hommes qu'il fallait traiter en sujets égarés , et les résultats de ces mesures obliques agravèrent le mal au lieu de le détruire ; la voix de la mère-patrie ne fut point entendue , on chercha ailleurs les moyens de réparer la perte de Saint-Domingue.

Des colonisations nouvelles , entreprises sans succès firent déplorer bientôt l'abandon des anciennes , et l'idée de former des établissemens durables dans un vaste continent peuplé de nations guerrières et paresseuses, ne pouvait qu'alarmer les partisans du seul système colonial dont l'expérience avait démontré les avantages.

Il est de fait que les Africains en corps de nation sont de tous les peuples du monde , les moins propres à des travaux qui exigent une présence assidue, une soumission et une dépendance essentiellement passives.

On compterait en vain , pour fournir des bras à la culture ; sur des traités avec les rois d'Afrique ; la foi punique serait toujours prête à les violer , et l'époque de la prospérité des plantations , serait celle d'une invasion formidable, que la convoitise de leurs riches dépouilles aurait excitée , et à laquelle on aurait que de faibles et d'inutiles barrières à opposer.

L'avenir prouvera que le système administratif des Anglais dans l'Inde est impraticable en Afrique. La puissance des maîtres du Bengale, du Malabar et de l'Indostan, n'agit qu'indirectement sur l'industrie des peuples; et le despotisme des Nabads, qui se chargent de l'exploitation des terres, répond à la compagnie de la rentrée des revenus publics. Le caractère flexible des Indiens (1), la douceur de leur climat, la vénération qu'ils ont pour leur prince, et la haute idée qu'ils se font de la supériorité européenne, expliquent la magie de cette puissance, qui livre à la discrétion de la compagnie des Indes toutes les richesses d'un pays qu'elle couvre de ses soldats. En Afrique, au contraire, le moral du Nègre est inflexible; la chaleur excessive le rend paresseux; il est naturellement enclin à la violence et à la rapine, et l'état d'hostilité perpétuel dans lequel existent ces peuples, entre eux, les rend cruels et guerriers. Comment asseoir sur de pareilles bases la stabilité d'une faible colonisation européenne, qui aurait constamment à redouter la perfidie de ses puissans alliés, et la révolte de ses nombreux cultivateurs. Un tel état de choses ne présente ni les garanties ni la sécurité nécessaires dans les travaux paisibles de l'agriculture; car il y aurait une disproportion effrayante entre la

____

(1) Il faut excepter les Marattes, peuples très-guerriers qui ne reconnaissent pas la domination anglaise.

force coercitive et la masse qui devrait obéir. La France doit donc s'en tenir à ses anciennes relations commerciales avec des peuples dont l'insociabilité morale est reconnue ; elle doit borner son ambition à des échanges qui peuvent s'effectuer sans danger pour ses sujets. On fait cependant encore de nouveaux et d'inutiles essais dans le Sénégal, tandis que Saint-Domingue, dévorée par ses propres enfans, continue à offrir le tableau hideux de la destruction ; les Nègres et les Mulâtres s'y disputent les tristes lambeaux d'un pays où les herbes et les ronces ont remplacé l'indigo, la canne à sucre et le cafier. Ces hordes cruelles et paresseuses n'exploitent aujourd'hui que les restes de l'industrie française ; elles semblent se hâter d'arriver au terme de leur existence par leur acharnement à se détruire, et leur excessive répugnance à travailler. Encore quelques années et ces terres jadis si fertiles seront converties en landes arides que le voyageur frémira de traverser.

Espérons cependant que le Gouvernement, se décidant à faire aux Noirs les concessions compatibles avec sa dignité et les circonstances, prendra les mesures convenables pour rattacher Saint-Domingue à la France (*a*). Cette grande colonie attend de la métropole, une administration paternelle, le bienfait d'une sage liberté,

des institutions capables de raviver ses cultures
et d'attacher par les liens de leur intérêt les cultivateurs à la terre dont ils devront partager les
fruits avec les Français, seuls propriétaires légi-
times. Telles sont les bases sur lesquelles il sera
indispensable d'élever l'édifice de la restauration
coloniale. Le génie de Toussaint avait fixé les
limites de la liberté, il avait prévu les dangers de
la licence ; l'administration vigoureuse de ce chef
absolu fit prospérer les cultures, éteignit enfin
les laves volcaniques qui menaçaient de tout em-
brâser. C'est ce régime intérieur qu'il conviendra
d'adopter à l'époque de la pacification de cette
colonie.

Mais quelques Français entraînés par la chaleur d'un libéralisme mal entendu, voient dans
l'indépendance de Saint-Domingue un grand acte
de justice ; ils trouvent dans les avantages d'un
traité de commerce avec un pays dont les cultures
n'ont plus que quelques années d'existence, une
compensation équivalente à la perte d'un commerce immense et au sacrifice d'un droit de souveraineté inaliénable. Ces aberrations idéologiques
ne méritent pas une réfutation sérieuse, il suffira,
pour en faire sentir le vide, d'exposer les faits et
de donner un aperçu des pertes progressives qu'ont
éprouvées pendant les trente ans qui viennent de
s'écouler, la population et les cultures coloniales.

Depuis 1790, époque fatale à la colonie, on pourrait même dire au bonheur des Nègres, puisque la liberté et l'indépendance ont déversé sur ces êtres infortunés pendant vingt ans, le complément de toutes les calamités, la culture de cette grande possession a toujours été dans une progression décroissante. Elle perdit, par les guerres étrangères, et par les crises intérieures qu'elle a successivement éprouvées jusqu'en 1798, un tiers de ses cultivateurs, dont le nombre s'elevait alors à six cent mille ames. Toussaint, devenu maître absolu de la colonie, sentit la nécessité de se créer des ressources pour l'exécution de ses projets ambitieux, et on a raison de dire que depuis 1798, époque de son grand pouvoir, jusqu'en 1802, époque de sa chute, les progrès de la culture furent extraordinaires; mais les travaux forcés auxquels les Nègres furent condamnés, les mauvais traitemens qu'ils éprouvèrent de la part des inspecteurs barbares que Toussaint avait établis sur eux, la misère et les maladies diminuèrent au moins d'un cinquième la population restante. Toussaint, d'ailleurs, ne parvint à cet état de prospérité momentanée qu'avec le concours des blancs, qui, séduits par ses promesses fallacieuses, le secondèremt par tous les moyens que donnent les connaissauces locales et le désir de conserver sa propriété.

Les années 1802 et 1803 firent éclore de nouveaux élémens de destruction ; le fer et la flamme étendirent leur ravage sur les habitations et les cultivateurs : les pertes, pendant ces deux années, sont incalculables, et on ne peut supposer avec raison qu'une population qui, en 1789, était d'environ six cent mille ames, se trouvât réduite, en 1803, par les guerres étrangères, les crises intérieures, les cruautés de Dessalines et de Toussaint, la première irruption de ce dernier dans la partie espagnole, et les campagnes de 1802 et de 1803, à deux cent mille individus de tout âge et de tout sexe. De 1803 à 1811, les incursions mal dirigées dans la partie espagnole par Dessalines, les guerres sanglantes de Christophe et de Pétion, et toutes les autres causes de destruction, dont nous avons déjà parlé, ont dévoré au moins un tiers de cette population, et porté le dernier coup aux établissemens que ces fléaux destructeurs avaient épargné ; il reste donc aujourd'hui environ cent trente-trois mille individus nègres, tant femmes qu'enfans, vieillards, et hommes portant armes. Voilà pourtant cette puissante nation, dont l'indépendance est si essentielle à l'intérêt de la France, et avec laquelle il faut de toute nécessité établir des relations commerciales de la plus haute importance ; pour laquelle il faut sacrifier un commerce de deux

cents millions, et des moyens de prospérité incalculables pour la France ! De pareilles idées n'ex-
citent-elles pas la pitié de tout homme qui con-
naît les localités, et qui a un peu médité sur le
caractère des peuples ? Mais suivons ces plans
dans tous leurs rapports, et voyons s'il existe un
côté favorable où on puisse les envisager ; sup-
posons pour la troisième fois que la population
et la culture au lieu de décheoir, prennent une
augmentation progressive, et qu'à l'époque où il
s'agira de prononcer l'indépendance des colonies, on puisse y trouver dans les relations commerciales avec les Nègres une compensation
équivalente au sacrifice qu'on aura fait. Quelle
sera la garantie d'un pacte social avec un peuple
dont l'insociabilité morale est authentiquement
reconnue ? Comment compter sur des transactions
commerciales avec un peuple qui, au premier
signal de son intérêt ou de son caprice, égorgera les
facteurs de la compagnie, et pillera ses comptoirs ?

Tels seraient cependant les résultats infaillibles
d'une indépendance qui n'est préconisée parmi
nous, que par des hommes auxquels on pourrait
appliquer avec raison cette sage maxime d'un de
nos grands poètes,

> Rien n'est si dangéreux qu'un imprudent ami :
> Mieux vaudrait un sage ennemi.

Lorsqu'un gouvernement est placé dans la

pénible alternative de comprimer la révolte ou d'en subir les funestes conséquences, il encourt une terrible responsabilité s'il transige avec les périls de la contagion; car la puissance et la stabilité d'un état sont toujours en raison de la liaison parfaite de tous les élémens dont il se compose, et admettre aujourd'hui qu'une de ses parties peut rompre violamment les liens du pacte fédératif, c'est accorder à toutes les autres, le droit dangereux de se séparer et de compromettre par ce principe de démembrement, l'existence du corps social : convient-il de laisser briser ainsi le faisceau redoutable qui fait de la France la plus puissante monarchie du monde?..

Il est donc de fait que reconnaître l'indépendance haïtienne, ce serait légitimer implicitement l'insurrection, et consacrer pour les différens peuples qui font partie de notre association politique, le droit à l'émancipation qu'on accorderait aux noirs des colonies.

Saint-Domingue ne peut pas rester plus longtems dans la situation perplexe où l'on réduit ses crises révolutionnaires; il doit rentrer sous l'empire des lois métropolitaines avec tous les avantages qui lui appartiennent comme partie intégrante de la monarchie française.

Mais si les noirs prétendaient opposer la force à la clémence pour maintenir leur usurpation, ils ne pourraient imputer qu'à eux mêmes les malheurs de la guerre ; car un gouvernement qui a le sentiment de sa puissance et de sa conservation, ne peut pas composer avec les principes subversifs qui menacent sa sûreté et celle de tous les établissemens européens ; il doit tout employer pour ressaisir des droits que la violence et l'ingratitude tenteraient de lui ravir.

On aurait sans doute à déplorer les funestes résultats d'une coupable résistance, mais est-il convenable qu'une grande nation fléchisse honteusement devant quelques milliers de Nègres rebelles, dont elle a généreusement brisé les chaînes ?

Au reste que les Nègres de Saint-Domingue, convaincus de l'inutilité de leurs efforts (1), s'abandonnent volontairement à la discrétion d'un peuple généreux, ou qu'ils y soient réduits par la force des armes, il n'en sera pas moins urgent de suivre avec activité, dans l'un ou l'autre hypothèses, le plan des colonisations européennes dans nos possessions d'outre-mer, et

---

(1) La conquête de St.-Domingue par le général Leclerc, n'exiga qu'une campagne de trois mois. Cependant cette colonie était dans tout l'apogée de sa puissance : ses forces militaires étaient de 30,000 hommes bien commandés et bien disciplinés ; les finances étaient dans le meilleur état, et Toussaint gouvernait.

celui des institutions qui se rattacheront à cette grande mesure.

Aucun pays dans le monde n'est aussi propre que Saint-Domingue, à recevoir le superflus des populations étrangères, puisqu'on trouve dans les grands plateaux de ses hautes montagnes toutes les températures de l'Europe, et qu'on pourrait y aclimater graduellement les individus destinés à repeupler cette île immense.

Mais n'anticipons pas sur les développemens que nous nous proposons de donner à ces projets de restauration, et achevons de signaler les effets désastreux des principes révolutionnaires dans nos autres colonies.

La Guadeloupe pendant vingt-cinq ans est tour à tour agitée par le fléau des guerres extérieures et par la réaction des doctrines anti-coloniales, et ces tems de conflagrations et de désordres se prolongent jusqu'en 1798, époque à laquelle elle respire un peu sous une administration qui cicatrise les plaies de l'anarchie; mais les bienfaits de ce régime réparateur ne furent pas de longue durée : elle éprouva de nouvelles secousses sous les proconsulats qui se succédèrent rapidement et reculèrent le terme de sa restauration.

Tant que les puissances maritimes et commerçantes dirigées par une politique méticuleuse n'adopteront pas un système fixe relativement à leur régime colonial, elles doivent s'attendre à voir se renouveler fréquemment les accès d'un mal politique qu'elles leur ont imprudemment inoculé.

La Martinique forcée de choisir entre le danger des principes subversifs qui auraient compromis son existence et les inconvéniens d'une domination étrangère qui lui offrait des moyens de salut, appela les Anglais dans son sein, sans leur sacrifier son attachement à la France.

Cette démarche qui lui fut commandée par le sentiment de sa conservation eut besoin néanmoins pour être justifiée, de toute la force des motifs qui l'avaient dictée.

Rendue à la France en 1814, elle a donné à son gouvernement des gages certains de sa fidélité.

Toutefois, ces deux colonies fatiguées par la mobilité des administrations que les guerres leur ont successivement imposées ; par le système inerte et fiscal qui les régit, et par la caducité de leur régime intérieur, succomberont infailliblement sous le poids de leurs maux, si l'on ne se hâte d'adopter un plan d'administration plus conforme aux nouveaux intérêts des administrés.

Courbées sous le joug des lois exclusives, elles sont forcées d'acheter de la métropole, au poids de l'or, les objets indispensables à leur existence

et ne reçoivent en retour que les avantages illu-
soires d'un commerce dont elle partage les bénéfices avec *les étrangers*. Elles sont frappées par
la main qui devrait les secourir.

Ainsi, quand des résultats aussi funestes ont
soulevé le voile qui cache le danger de certains
ressorts politiques dans nos colonies, quand des
faits cumulés ont enfin révélé à la raison publique, l'inéxorable vérité des principes conserva-
teurs, on est forcé de reconnaître l'autorité de
ces puissances, ou de céder à l'ascendant de la
force d'inertie qu'oppose le vœu national mé-
connu. En suivant l'impulsion des premières, on
peut éviter les écueils de l'exaltation philosophi-
que ; mais si on se laisse dominer par l'autre, les
périls sont imminens, et à travers les bouleverse-
mens et les décombres qu'ils occasionnent, partent
des traits qui frappent les peuples et les rois : il ne
reste alors d'autres consolations à tant de maux,
que des débris accusateurs pour transmettre aux
générations, avec les noms des destructeurs, la
honte de leur imprévoyance, ou l'opprobe de
leur félonie (1).

Pour se convaincre de ces tristes vérités, il

____

(1) Les noms des Brissot, des Robespierre, des Santonax
et des Polverel, laisseront d'affreux souvenirs dans les annales
de nos infortunées colonies.

suffit de comparer le principe, la marche et les résultats de nos opérations commerciales avec celles de l'Angleterre, et d'opposer la prospérité de ses établissemens avec l'état languissant des nôtres.

Les Anglais, dont toute la puissance est fondée sur les succès de leurs grandes transactions mercantiles, font connaître le prix qu'ils attachent à la conservation de leurs colonies, et à la prospérité de leurs fabriques par leur rigueur à défendre l'importation des produits étrangers dans leur île. Partout leur vigilance est active et paternelle. A la Jamaïque une assemblée coloniale créée par la métropole est l'égide des lois locales et des priviléges de la colonie : inflexible dans l'exercice de son pouvoir, elle sait comprimer avec une égale fermeté, les principes d'une dangereuse propagande, les prétentions erronées de l'autorité militaire et le despotisme des grands planteurs. C'est sur de pareilles bases qu'une administration éclairée doit fonder tous les intérêts ; aussi le commerce anglais dirige-t-il avec confiance ses spéculations vers un pays qui lui donne toutes les garanties morales, et qui lui offre la perspective d'une vente lucrative et d'un retour avantageux ; ses espérances sont d'autant mieux fondées que la modicité des droits d'exportation, les primes accordées aux navigateurs, les avantages qu'ils trouvent dans le crédit, dans la facilité, comme dans le bon marché des moyens de transports, et enfin dans la sûreté de la navigation protégée par la marine militaire, leur promettent en partant des retours avantageux, et pour ainsi dire certains.

Arrivée dans les ports étrangers, où vont s'effectuer les ventes de leur cargaisons, les spéculateurs anglais doivent encore à la sollicitude de leur gouvernement l'avantage de n'y payer que des droits d'importation très-modérés, tandis que les lois fiscales sont inexorables pour toutes les autres nations commerçantes.

C'est par cette politique adroite, et protectrice que l'Angleterre a su ménager des débouchés considérables à son industrie, et obtenir une préférence qu'elle ne doit point à la supériorité de ses manufactures, mais à l'influence de son esprit public et à son énergie, lorsqu'il s'agit de défendre l'intérêt de ses sujets.

La France, au contraire, avec tous les élémens d'une grande prospérité commerciale, et d'une puissance maritime respectable, voit son industrie périr au milieu des germes féconds qui devraient la faire prospérer, parce qu'elle ne trouve aucune issue favorable, ou qu'elle est arrêtée par les entraves de ces lois bursales et parasites qui détruisent toute émulation. Ses vaisseaux, condamnés à la plus funeste inactivité, pourrissent dans les ports, ou servent à quelques croisières de peu d'importance, et son commerce, presque réduit aux spéculations d'un stérile cabotage, recule lorsqu'il veut étendre ses combinaisons dans l'Atlantique, devant la parcimonie et la fiscalité administratives; il est rebuté par le discrédit de ses opérations, par la mobilité des lois et réglemens maritimes et par les dangers d'une navigation à peine protégée par les vaisseaux de l'Etat, et qui ne peut invoquer au besoin la médiation d'aucune agence nationale dans les ports de l'Amérique espagnole. Le découragement des armateurs s'accroît encore non-seulement par la difficulté d'obtenir du crédit, mais par l'éventualité des opérations, dans des colonies privées de numéraire, et par la crainte, s'ils opèrent leur retour en denrées coloniales, de trouver au terme de leur voyage, des concurrens étrangers. De toutes parts, enfin, les symptômes de la destruction se manifestent, tandis qu'une fatale sécurité nous déguise le danger dont nos possessions occidentales sont menacées.

Cependant la Grande-Bretagne, maîtresse de l'Inde, dont elle possède exclusivement les richesses, dominatrice de toutes les mers, semble vouloir s'emparer encore des destinées de l'Amérique espagnole, comme si elle apercevait dans les crises politiques de l'empire ottoman , dans la puissance toujours croissante des Russes , dans l'attitude hostile des Marattes , et dans la grandeur future du Nouveau-Monde , le renversement de sa domination en Asie. Elle prélude à ses vastes desseins , en secondant tacitement les efforts de l'indépendance américaine , par des auxiliaires sortis de son sein , et dont elle feint de désavouer la conduite , pour ne pas éveiller l'inquiétude des grands états maritimes ; elle acquiert des droits à la reconnaissance des peuples de cette partie du monde ; elle fournit presque exclusivement à tous les besoins de ces gouvernemens naissans ; elle tend à donner enfin aux peuples divers le goût et l'habitude de ses marchandises.

La France, forcée par l'abolition de la traite, à ne considérer désormais les cultures de ses colonies que comme un accessoire, devra chercher des compensations dans l'établissement d'un commerce d'entrepôt avec l'Amérique espagnole.

Ce vaste continent placé, par sa contiguité avec les Antilles françaises, dans le domaine de leur industrie, n'attend pour établir d'utiles et importantes relations avec elles, que la cessation de ce système d'inertie qui a enchaîné jusqu'à ce moment l'activité des deux peuples. La partie de l'Est de Saint-Domingue (1), dont il nous serait facile d'obtenir la retrocession, puisqu'elle est à charge à l'Espagne, réunit éminemment tous les avantages nécessaires à l'exécution de ces plans. Située vis-à-vis les vastes côtes qui s'étendent depuis le cap de la Vela jusqu'aux bouches de l'O-renoque, elle présente partout des ports ou des rades sûrs aux navigateurs qui y seraient appelés par leur intérêt ; on les verrait bientôt renoncer aux longues traversées des îles neutres (qui ne durent leur prospérité pendant la longue période des guerres coutinentales, qu'à l'état violent dans lequel se trouvaient toutes les grandes na-tions commerçantes de l'Europe) pour se diriger par des vents largues et des brises réglées (2), à Samana, Santo-Domingo et Ocoa (3), où ils

---

(1) Cette belle partie de St.-Domingue est séparée de la partie française par de grands fleuves ou par de vastes solitudes qui forment une ligne de défense inexpugnable : dans un ouvrage imprimé en 1819, j'ai donné, sur les positions militaires de cette ligne, des détails exacts et utiles. Dessalines osa franchir ces redoutables barrières, à la tête de 22,000 hommes, pour venir attaquer le général Ferrand, à Sto.-Domingo. Il fut forcé de lever le siége de cette place, et sa retraite lui coûta la moitié de son armée.

(2) Les brises d'est règnent constamment dans ces parages, depuis dix heures du matin jusqu'à six heures du soir.

(3) La baie d'Ocoa est magnifique ; les vaisseaux mouillent à terre, et cette côte, aujourd'hui déserte, n'attend qu'une circonstance favorable pour se couvrir des plus riches cultures.

pourraient arriver dans trois jours, et terminer dans une semaine, des opérations qui exigent un mois, lorsqu'ils sont obligés de remonter à Saint-Thomas ou à Saint-Barthélemi.

Les habitans de la partie espagnole, menacés d'une irruption africaine, verraient avec plaisir un changement qui leur rendrait la sécurité et le bonheur, dont ils jouirent pendant les huit années que dura l'administration paternelle du général Ferrand, et qu'ils perdirent en 1809 par leur ingratitude et leur coupable révolte (1).

La Guyanne hollandaise, le Brésil, le Paraguay, dont la puissance et les besoins s'accroissent d'une manière sensible, sont prêts à faire des échanges avantageux avec Cayenne, la Martinique et la Guadeloupe, lorsqu'ils pourront y trouver toutes les marchandises qu'ils tirent de l'Europe ; car la célérité des expéditions est le but essentiel du commerce, qui doit tendre constamment à diminuer les dangers de la navigation, et à renouveler souvent le mouvement de ses capitaux.

____

(1) La Louisianne qui avait été cédée à l'Espagne, par la France, s'étant soulevée, la révolte fut reprimée par le comte Orelli, avec une sévérité ou plutôt une cruauté inouie; et la France elle-même approuva ces mesures rigoureuses. La junte de Cadix, au contraire, applaudit à la coupable insurrection d'un pays qui nous avait été cédé par le traité de Bâle.

En établissant des ports francs et des entrepôts considérables dans ces colonies heureusement situées au centre de toutes les communications américaines, en appelant les étrangers au partage des grands bénéfices qui doivent résulter de ces créations; en épurant par des mélanges les populations indigènes, la France verra bientôt affluer dans ses comptoirs les flottes nombreuses, qui paient annuellement d'énormes tributs à l'industrie et à l'activité des neutres et des Anglais; les bases de la franchise des ports dans nos colonies seraient :

1°. L'exemption des droits pour toutes les marchandises françaises importées dans les colonies par des navires français ;

2°. L'exemption des droits pour toutes les marchandises étrangères importées dans nos colonies, et qui ne seraient point en concurrence avec les nôtres ;

3°. L'exemption des droits pour tous les navires quelconques qui exporteraient des colonies des marchandises ou des denrées coloniales.

4°. La désignation précise des marchandises étrangères qui peuvent être importées dans les colonies françaises.

Mais l'enfance de ces existences coloniales a besoin, on le répète, d'être protégée par le sacrifice des perceptions fiscales : on ne doit en considérer les avantages que sous le rapport des débouchés immenses, qu'elles doivent procurer à nos manufactures, et sous celui de l'accroissement qu'en recevraient les plantations indigènes.

Nos marchandises et nos modes sont recherchées dans toutes les parties de l'Amérique ; nos toiles, nos vins, nos eaux-de-vie, nos huiles, nos draps, notre bijouterie, nos soieries, nos cristaux, nos porcelaines, nos pendules, et même notre grosse clincaillerie y obtiennent une préférence incontestable ; et les fabriques qui ne peuvent aujourd'hui soutenir la concurrence étrangère, n'attendent que le secours des arts mécaniques, qui diminuent les frais de la main-d'œuvre, pour rivaliser, avec avantage, dans les marchés du nouvel hémisphère. L'époque n'est peut-être pas éloignée où les riches broderies de Lyon deviendront aussi un article considérable d'importation chez des peuples naturellement amis du faste. Le Mexique et le Pérou, jadis célèbres par la magnificence des cours de Montézuma et des Incas, éprouveront encore dans leur nouvelle existence ces besoins du luxe, inhérent au caractère de leurs habitans. La pompe des églises dans des pays essentiellement religieux, contribuera d'autant plus à rehausser le prix de cette branche précieuse de l'industrie française, qu'elle aura de nouveaux moyens de donner aux

cérémonies du culte un éclat digne de sa majesté.
Ainsi donc il importe beaucoup à la France de
faire suivre à son commerce les progrès de la
civilisation américaine, en préparant, par des
établissemens utiles et durables dans ses colonies,
le succès de toutes les branches de son commerce
extérieur.

Les cultures se ressentiront forcément de ces
importans changemens ; privées depuis long-
tems, des élémens qui leur donnaient la vie,
elles éprouveront par la circulation du numéraire et la facilité des débouchés, une amélioration qui fournira de nouveaux alimens à l'ambition du marchand et du planteur. Les riches
capitalistes, pour lesquels l'activité est un besoin,
accourront de toutes *parts*, afin de *partager*
avec l'habitant les avantages de ce nouvel ordre
de choses. Le commerce français, appelé par
son intérêt, encouragé par les heureux résultats
de ses ventes, franchira de nouveau les mers, et
viendra s'associer aux destinées de ces riches
entrepôts.

C'est alors qu'il faudra se hâter de verser l'ex-
cédant de la population dans les régions les plus
fraîches de Saint-Domingue, et dans les petites
Antilles, afin d'y augmenter les consommations
et de remplacer les bras que l'abolition de la traite
nous aura ôtés. On concilierait ainsi les principes

philantropiques du siècle , avec les besoins de nos cultures , et l'urgence d'une évacuation, devenue indispensable à la tranquillité de la France et à celle de l'Europe.

Au surplus, en introduisant l'usage des instrumens aratoires qui accélèrent et multiplient les résultats du travail dans ces régions brûlantes, on ne tardera pas à éprouver les heureux effets d'une innovation qui aurait pour objet la conservation des hommes et la prospérité des plantations (1). La chimie elle-même, jalouse de partager avec les arts mécaniques la gloire de ces utiles travaux, viendrait aussi apporter le tribut de ses découvertes, et remplacer les routines de l'ancienne fabrication coloniale, par des procédés nouveaux, plus appropriés aux facultés de la population, et au développement de ses cultures.

C'est en vain qu'on opposerait à l'évidence de résultats heureux que produirait cette cumulation de moyens dans le système agricole et commercial, le faible motif de quelques mortalités, occasionnées par la transition d'un climat tem-

____

(1) Si la France se décidait à adopter ces sages mesures, on trouverait, dans le plan proposé par M. Bruley au ministère de la marine, des moyens d'exécution faciles , et d'une utilité incontestable.

péré aux zônes — torrides. Combien ces dangers, presque toujours exagérés, s'affaiblissent, lorsqu'on envisage la nécessité de ces transmigrations européennes, et les avantages que procureraient à la France, des colonies peuplées de nationaux dont l'attachement et la fidélité lui seraient garanties par la conformité des usages, des mœurs et du langage. C'est dans ce but que vient d'être fondée la nouvelle colonie anglaise au cap de Bonne-Espérance ; il fallait effacer les souvenirs que conservaient les anciens colons et neutraliser la population hollandaise par le mélange des deux peuples. Huit mille anglais ont été transportés dans un pays heureusement situé, et qui doit, d'après les rapports récemment arrivés, surpasser bientôt en prospérité les anciens établissemens. On dépense des millions ; on fait périr des milliers d'hommes, pour soutenir une guerre souvent injuste, afin d'obtenir quelques lieues de territoire, et l'on sacrifierait à de vaines considérations la perspective de rouvrir les canaux de notre prospérité commerciale et de notre puissance maritime ! Non, sans doute, il faut laisser aux nations faibles et misérables les calculs timides, et les vues parcimonieuses ; un grand peuple doit aspirer à de hautes destinées. La crainte imaginaire d'éveiller des idées d'indépendance ne suffirait pas non plus pour ajourner l'exécution de ces utiles projets ; car les colonies et la métropole auraient alors des intérêts absolument identiques , et les liens de l'intérêt sont indissolubles ; mais les travaux pénibles des cultures coloniales excèdent , dit-on , la force physique des blancs; ainsi donc les enfans d'une terre féconde seraient privés des facultés organiques , nécessaires à son exploitation; ils devraient périr au milieu des dons précieux que leur offrirait une mère prévoyante et génereuse ; de pareilles incohérences seraient en opposition avec les lois et le vœu de la nature. Le Créole, de quelque couleur qu'il soit , doit être organisé pour supporter la rigueur des climats qui l'ont vu naître , il doit pouvoir obtenir du sol natal , par ses labeurs, les moyens d'existence qui lui sont nécessaires. On aurait tort de conclure de ce que les blancs de nos colonies ont confié depuis près de deux cents ans la culture de leurs champs à des bras étrangers , qu'ils sont eux - mêmes incapables de les fertiliser ; réduits à la nécessité de travailler pour vivre , les Créoles-Blancs , retrouveraient bientôt l'usage de leurs forces énervées par une longue oisiveté et par l'effet d'une apathie qui a son principe dans l'opulence et dans l'habitude de commander aux autres couleurs.

Au reste, si l'Amérique, avant 1665 , n'était cultivée que par des Européens ; si elle fournissait cependant abondamment des tabacs, du cacao, du rocou, du sucre et même du café aux navires de l'Ancien-Monde, a quoi bon ces éternelles et futiles objections sur l'incapacité des blancs à cultiver les terres sous le tropique ? Les faits répondent victorieusement aux détracteurs d'un nouveau systême colonial, qui replacerait forcément la France dans le rang qu'elle doit occuper parmi les puissances maritimes.

Honneur au ministre habile qui saura le développer ! dès long-tems nos besoins le sollicitent, la voix publique en signale l'espérance, et un vote unanime s'empressera de proclamer les noms des bienfaiteurs. Il est de fait que l'exécution de ces plans de commerce n'offrent évidemment que des avantages positifs, puisqu'en fournissant une large issue à l'industrie nationale et à l'exubérance de la population, ils doivent raviver les cultures qui s'acheminent à leur ruine, à Saint-Domingue, pour l'abolition de la traite et par l'indolence des cultivateurs noirs, auxquels des gouvernemens anarchiques croient devoir faire, pour se soutenir, les dangereuses concessions de la licence et de l'oisiveté ; à la Guadeloupe et à la Martinique, par le découragement des planteurs, qui, n'ayant aucune garantie sur la stabilité du systême colonial, ne se considèrent que comme les usufruitiers de leurs terres volcanisées.

On ne pourrait pas également alléguer, contre les résultats de ces créations nouvelles, la perte des droits d'importation qu'éprouveraient les douanes coloniales, et la nécessité où se trouverait peut-être la métropole de supporter seule tout le poids de l'administration locale, puisque le nouvel ordre de choses, en rendant forcément aux colonies leur ancienne splendeur, les mettrait à même de pourvoir à toutes les dépenses administratives, et ferait entrer dans les caises de la métropole, des droits considérables d'exportation, par la nouvelle activité des fabriques, et par les débouchés de leurs produits (1). Au surplus, cette abnégation instantanée de l'intérêt du fisc, serait indispensable dans l'enfance de ces établissemens, afin de stimuler l'ambition spéculative des étrangers, de multiplier les ressources des Indigènes, d'accélérer la restauration des grandes fabriques coloniales, et de préparer l'époque où la France pourra recueillir, sous un double rapport tout le fruit de ce faible sacrifice.

La jalousie de nos voisins n'aurait aucun motif plausible, pour traverser ces nouveaux projets; car on ne ferait qu'user du droit imprescriptible

____

(1) L'Espagne, plus éclairée sur ses véritables intérêts, vient d'adopter cette mesure. Le port de Lima a été récemment déclaré libre et franc par les Cortès.

qu'ont tous les gouvernemens d'améliorer leur système administratif. Sous quelque aspect qu'on envisage donc ce projet de franchise et d'entrepôt, il n'offre que des chances favorables et des compensations immenses ; il est d'ailleurs d'une exécution d'autant plus facile, qu'il n'exige aucun sacrifice pécuniaire, mais seulement l'intention virtuelle de le conduire à bien. Il faudra braver, sans doute, pour arriver à ce grand but, les alarmes de ces monopoleurs cosmopolites, qui spéculent audacieusement sur la misère des peuples, et pour lesquels la prospérité publique est un fléau ; il faudra résister à l'influence des vieilles routines administratives ; mais en répandant sur la généralité des Français les bienfaits d'une institution paternelle, on se consolera facilement d'avoir froissé des intérêts exclusifs et des prétentions odieuses.

L'importance de ces mesures n'a sans doute pas été appréciée par ceux qui ont proposé bien légèrement l'abandon de nos colonies ; car, en supposant l'exactitude de leurs calculs sur les désavantages de nos échanges actuels (1), il demeure démontré, au moyen de ces utiles changemens, que leur conservation est essentiellement liée à la prospérité du commerce, et à la restauration de

____

(1) Rapport de M. de St.-Cricq, à la session de 1821.

la marine française ; comment pourrait-on se refuser à l'évidence de cette assertion, lorsqu'on considère que ces colonies de position, indépendamment de tous les avantages dont on vient d'établir la série, peuvent offrir à nos vaisseaux, en tems de guerre, un asile hospitalier contre les chances malheureuses des combats, et les événemens de la mer : leur conservation, sous ce premier rapport, est, non-seulement, d'une nécessité urgente ; mais elle devient indispensable lorsqu'elle est commandée par l'intérêt de vingt-neuf millions d'hommes, qui, depuis plus de trente années, attendent avec l'impatience du besoin, des institutions commerciales en rapport avec leur importance politique, et le développement de leur industrie.

L'établissement des entrepôts et des ports francs dans les colonies, en rendant la vie aux grandes fabriques de la France, lui assignera d'ailleurs la part la plus considérable dans le partage des 195 millions que l'Amérique espagnole paie annuellement à l'industrie européenne.

Les Anglais et les Américains du Nord, leurs facteurs, absorbent depuis long-tems les deux tiers de cet énorme capital ; le reste se divise entre l'Espagne et les autres nations commerçantes.

Les nouveaux débouchés, en donnant au commerce français une prépondérance qu'il devrait autant à la position avantageuse de ses marchés, qu'à la qualité de ses marchandises, établiraient nécessairement une différence dans la balance commerciale; et sa part dans le dévidende serait alors, en raison de ses nouvelles transactions avec les peuples de ces vastes contrées.

Mais, après avoir reconnu en principe la nécessité de ces innovations coloniales, sous le rapport du commerce, de la culture, et de la marine, on ne doit pas se dissimuler l'influence coactive d'une sage législation locale sur ces institutions lointaines. Cette branche essentielle de l'administration publique a besoin d'être retrempée fortement : son action pour être en harmonie avec le nouveau systême administratif, devra être prompte, inflexible, et se concilier avec les principes de justice distributive qu'exigeront le concours d'un grand nombre d'étrangers, et le respect pour tous les droits quels qu'ils soient.

L'impuissance des lois coloniales est aujourd'hui de nature à compromettre l'intérêt des planteurs, et celui du commerce européen. C'est ce vice qu'il faut, surtout, s'attacher à détruire, puisque la confiance dans l'impartialité du législateur est la base essentielle d'une association,

qui doit se composer de tant d'intérêts et d'élémens divers.

Toute théorie générale en administration politique est vicieuse, et vouloir en suivre, partout
et en tout tems l'application, ce serait sacrifier au
beau idéal le bonheur des peuples et la stabilité
des institutions. Ce qui importe le plus aux hommes, n'est pas qu'on leur donne des institutions
déjà reconnues parfaites pour certains pays ; mais
qu'elles soient appropriées à leurs mœurs, à leurs
usages et aux localités qui exigent des modifica-
tions indispensables dans les lois organiques de
chaque nation.

On avait senti la nécessité de restreindre l'action des lois dans des contrées, où l'industrie
naissante avait besoin d'être soutenue et encou-
ragée ; il fallait donner une certaine sécurité aux
colons, dont la fortune, déjà soumise aux chances aventureuses des ouragans et des autres causes
destructives, ne devait pas encore être exposée
à l'exigeance d'un avide créancier, et aux forma-
lités ruineuses de la chicane.

Ces considérations spécieuses présentaient,
sous beaucoup de rapports, des résultats utiles à
la société ; elles tendaient à encourager la culture
et à conserver l'intégralité des propriétés dans
les familles ; elles donnaient à la moralité des
individus un poids respectable dans les contrats ;

elles écartaient l'intervention judiciaire dans les contestations particulières ; elles devenaient, enfin, le palladium du système colonial ; mais il fallait limiter la durée de cet ordre de choses, et la subordonner au développement plus ou moins hâtif des cultures et de la civilisation ; car ce qu'il était sage d'accorder à la faiblesse des créations coloniales, devenait injuste lorsqu'elles avaient acquis la force de la virilité. Aussi, l'exagération, ce principe destructeur des meilleures conceptions , entraîna bientôt avec elle tous les maux que produit le silence absolu des lois. Le commerce, ce puissant véhicule de l'industrie agricole, rebuté par les longueurs et l'inutilité des procédures, alarmé sur ses intérêts, devint méfiant et circonspect dans ses opérations. La conséquence naturelle de cet état d'hostilité entre des intérêts, pour ainsi dire homogènes, devait être nécessairement le dépérissement des cultures, et l'absence des élémens vivificateurs que leur fournissait le commerce européen.

La mauvaise foi et l'usure, autres fléaux des sociétés, s'introduisirent dans les transactions, parce que l'habitant pouvant s'étayer de l'impuissance des lois locales, le capitaliste dut alléguer à son tour, et avec quelques raisons, l'incertitude de ses rentrées, et les dangers d'un crédit qui le mettait à la discrétion de son débiteur.

(61)

Il faut trancher le mot ; la rigueur est devenue indispensable dans des pays où la corruption a exercé ses ravages sur les mœurs primitives ; une législation faible serait une anomalie dangereuse dans l'organisation nouvelle.

L'expropriation judiciaire, la contrainte par corps, et toutes les lois inéxorables du code français, pourront seules opérer une régénération morale, sans laquelle la confiance ne saurait jamais se rétablir.

Cette mesure est d'autant plus nécessaire que l'expropriation ne pourrait avoir désormais les inconvéniens qu'elle aurait eus, dans l'origine des établissemens coloniaux, en décourageant les nouveaux planteurs, et en dissipant dès l'aurore les rayons de leur prospérité.

Aujourd'hui la propriété, en changeant de maître, ne pourra éprouver qu'une amélioration favorable puisque, dégrevée des charges qui gênaient son exploitation, elle trouvera dans le nouveau possesseur toutes les ressources capables de lui donner une nouvelle vie.

Le commerce et la culture, on le répète, doivent obtenir le même appui dans la législation coloniale ; indivisibles par leur essence, leurs intérêts se confondent, et porter atteinte aux droits de l'un, ce serait détruire le lien conservateur de leur coexistence.

En résumé , la création des entrepôts et des ports francs dans les colonies, doit raviver leurs cultures ; fournir des débouchés immenses à notre industrie ; nous débarasser d'un trop plein qui compromet la tranquillité de l'état , produire des droits considérables d'exportation , faire participer la France aux avantages des transactions commerciales de l'Amérique ; lui fournir d'excellens marins, et faire refluer enfin dans nos manufactures, par le débit considérable de leurs fabrications, la majeure partie des capitaux que l'Amérique espagnole dépense avec l'Angleterre, les États-Unis et les îles neutres.

FIN

www.ingramcontent.com/pod-product-compliance
Ingram Content Group UK Ltd.
Pitfield, Milton Keynes, MK11 3LW, UK
UKHW020019080726
13614UKWH00003B/1451